手軽で楽しい体験教育
よく効くふれあいゲーム
119

諸澄　敏之　イラスト／著

株式会社 杏林書院

まえがき

　この本は、PA（プロジェクトアドベンチャー）でよく使われるような、楽しい体験教育ゲームをまとめた旧『PA系ゲーム109』の改訂版です。

　改訂にあたり、内容を更新するついでに書名も変更することにしました。アドベンチャー教育のセオリーや具体的なふりかえりの方法には触れずにPAの名を語るのもおこがましいので、改訂を機に表紙も取り替えることにしました。杏林の加藤さん、勝手な注文を聞いていただき、しかも遠方の四国で、ありがとうございます。

　収録したゲームは「いつでもどこでも誰とでも、気軽で楽しいユニークなふれあいゲーム」を念頭に選択しました。そのため、決まった寸法の角材を必要とする大道具もの、事前にロープを張りめぐらせるような準備もの、始める前に「知ってる、知ってる」と言われてしまうような古典もの、歌ったり踊ったりの演技力が必要な熟練もの、さらに、綿密な安全確保が不可欠な真剣もの、などは取り上げないことにしました。

　また、本文中のゲームの説明は丁寧さに欠け、読む人には不親切かもしれませんが、物理的や精神的に危険にさえならなければ、どのようにアレンジしても問題はありません。ただし、罰ゲームをちらつかせて参加を強制したり、いたずらに競争をあおったりするゲームのやり方は大問題。全員が楽しいゲームでなければ、本書の意図からはずれてしまいます。

　最後に、この本はタイトルを変更してPAとは無縁のものとなってしまいましたが、個人的に、教育関係のより多くの方にPAJのワークショップに参加していただきたいと思っています。教育関係者にとって、ワークショップは目からウロコの貴重な体験に、きっとなるはずだからです。

2001年5月28日　諸澄　敏之

※PAJ（プロジェクトアドベンチャージャパン）
　http://www.pajapan.com

もくじ

出会いのゲーム
ジャンケンチャンピオン
　……………………2
数まわし ……………………3
数集まり ……………………4
めちゃぶつけ ………………5
みんなオニ …………………6
２人オニ ……………………7
頭星人・オシリ星人 ………8
持病オニ ……………………9
生態系………………………10
連結オニ……………………11
パントンパンパン…………12
進化ジャンケン……………13
チクタクボン………………14
パタパタ……………………15
魂で握手……………………16
よろしくゲーム……………17
指と指………………………18

知り合うゲーム
名前ゲーム…………………20
ご対面………………………21
名前回し……………………22
ピンボール…………………23
シルバーシート……………24
別名ゲーム…………………25
ジャンケンコール…………26
レプリカ……………………27
見えない共通点……………28
ラインナップ………………29
したことある人……………30
境界線………………………31
仲間さがし…………………32

きずなのゲーム
財布の中身…………………34
いいとこどり………………35
五目ヤキソバ………………36
番号！………………………37
番号合わせ…………………38
竜のしっぽ…………………39
水族館………………………40
サークル綱引き……………41
アップダウン………………42
世紀末ゲーム………………43
目かくしオニごっこ………44
臨死体験……………………45
情報戦争……………………46
お疲れ仮面…………………47
三位一体……………………48
仮面オニ……………………49
リアクション………………50
ゾンビ………………………51
ツボツボ……………………52
ホグコール…………………53
お決まりのポーズ…………54
人間カメラ…………………55
モデルとネンドと芸術家
　……………………………56
鉄人28号……………………57
トラの穴……………………58
勇者の印……………………59
発射！………………………60

協力ゲーム
惑星旅行……………………62
アリの行列…………………63
菅平バレー…………………64
もじもじ君…………………65

バドワイザー……………66	エーデルワイス…………99
目かくし多角形…………67	ストップアンドゴー……100
魔法の鏡…………………68	ヘビオニ…………………101
どうも、どうも、どうも……………69	アクション大魔王………102
迷走ＵＦＯ………………70	奇偶だね…………………103
河童の遠足………………71	古葉監督…………………104
いっせえの！……………72	インベーダー街道………105
フォレストガンプ………73	流星雨……………………106
不発弾……………………74	冷凍解凍オニ……………107
みんなでジャグラー……75	横ぎりオニ………………108
人間知恵の輪……………76	再会オニ…………………109
モンスター………………77	鳥ちょうだい！…………110
ヘリウムスティック……78	行ってオニ………………111
月面ボール………………79	タコヤキやけた…………112
吹雪のレスキュー隊……80	見たね……………………113
スパイ大作戦……………81	ちょっかい………………114
ターザン…………………82	ピンポンパンゲーム……115
管制塔……………………83	サムライ…………………116
ぎったんばったん………84	ワナナ！…………………117
魔法の絨毯………………85	赤痢菌……………………118
オールキャッチ…………86	風船パニック……………119
乗ってるかい……………87	東西南北…………………120
毛布ボール………………88	靴合わせ…………………121
	ＤＮＡ……………………122
	風船列車…………………123
	通り雨……………………124

その他の楽しいゲーム

観衆………………………90
ハバハバ！………………91
ウィンク殺人事件………92
犯人は誰だ！……………93
妖精と魔法使い…………94
袋のネズミ………………95
靴おくり…………………96
さるカニ合戦……………97
誘拐………………………98

本書に掲載された会社名と製品名は、それぞれの帰属者の登録商標、または商標です。

出会いのゲーム

初対面の堅さを解す楽しい雰囲気作りのゲーム

　最初のゲームに何を持ってくるか、これはとても深刻な問題です。最初でつまずくと、初対面の堅い雰囲気がさらに硬直してしまいます。重苦しい雰囲気の重圧でリーダーまで動揺してしまい、やがて、気まずい空気が漂うハメになるからです。

出会いのゲーム

ジャンケンチャンピオン

　簡単な説明で軽い運動と握手ができるので、最初のゲームに適しています。適度な運動と適度な身体接触は、心と身体をほぐしてくれます。開始の笛で手近かな人と握手をしてからジャンケンをします。勝っても負けても相手を替えて、別な人と握手とジャンケンをして、合計3回勝ったら空いてる席に座ります。最後まで負け残った人は簡単に自己紹介してから席に着きます。2回目は、同じく合計3勝で着席できますが、3勝していなくても途中で笛が鳴ったら空いてる席に座ります。リーダーは先に着席しておき、席が1つ足らないイス取りゲームの状態にしておきます。あぶれた人は簡単な自己紹介をします。3回目は、ゲームの最中にタオルが投げ込まれたらそれが着席の合図です。投げる物は安全なものならタオルでなくても構いませんが、ヘビやカエルでは収拾がつかなくなります。

数まわし

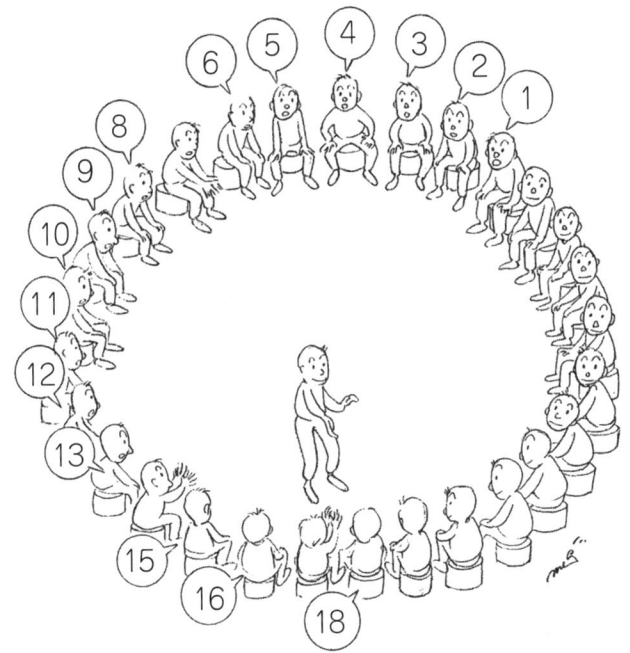

　円になって番号をかける、40人ぐらいまでのゲームです。

　最初は単純に、1、2、3、と番号をテンポよく1周させます。1周したところで「3のつく人は黙って拍手」という条件で、違う人から番号をスタートさせます。対象に合わせて、「7のつく人と7の倍数の人は拍手」という具合に段々とレベルを上げていきますが、「素数と7の倍数と、3と5の公倍数」とか、無理難題は言わないように。

　誰かがつっかえても罰ゲームはありません。みんなで1周させることが目的のゲームです。

数集まり

　第1段階は、リーダーの言った数の人数に集まること。第2段階は、リーダーの出題する簡単な計算問題（イヌとニワトリの足の数など）の答えの数に集まること。第3段階は、図のようなカメ・ヘビ・コアラのポーズを説明してから、「ヘビ5匹」とかの指示で、その形と人数で集まること。

　思春期の男女を接近させるのは非常に難しいのですが、このゲームで盛り上がっているときにタイミングよく「頭が男子でシッポが女子のヘビ3匹！」とかを入れると、抵抗なく接触することができるようになります。

　参加者が成人の場合は、「酔っ払いがもどしたラーメンに群がる野良犬4匹！」と唐突に言ってもアドリブで演じてくれますが、お下劣方面にエスカレートすることのないように。

めちゃぶつけ

　敵味方なしのめちゃくちゃボール当てゲーム。
　ソフトテニス（旧称軟式テニス）ボール、または、トイザらスや東急ハンズで手に入るウレタン系のフニャボールを大量に使って、誰が最後まで生き残れるかのボールぶつけをします。体育館のような周囲を囲まれたところで一斉にスタートし、当てられた人はアウトでその場にしゃがみ込みます。アウトの人は移動することはできませんが、転がってきたボールを拾って生存者に投げつけることはできます。
　アウトの人が流れ弾に当たった場合は、生き返って参戦できるというパターンもあります。

出会いのゲーム

みんなオニ

　1クラスの人数ならバスケットコート程度の広さの、範囲のはっきりした場所で行います。範囲を決めておかないと、そのまま家に帰っておやつを食べるようなトボケた奴が出てしまい、日が暮れてから探すのが大変だからです。というのはウソですが、広すぎると逃げてばかりでつまらないし、走るスピードが速くて危なくなるからです。ゲームは全員がオニとしてスタートし、先にタッチされた人はアウトで、その場にしゃがんで動けなくなります。40人でも3分で終わる、あっという間のオニごっこです。

2人オニ

　1対1の歩く速さのオニごっこで、走ってはいけません。

　ペアをつくり、最初のオニと逃げ手を決めます。図のように人だかりを利用して逃げるオニごっこなので、20人ならバドミントンコートの広さで十分です。

　オニにタッチされたら逃げ手とオニの攻守交替ですが、すぐにタッチし返したのでは子どものケンカになってしまうので、タッチされた人はその場で1回転して、「こんばんは、森新一です」とかの声帯模写を言ってからオニに変身します。模写のご発声は、故ジャイアント馬場さんの「アポー」でも何でも良いのですが、アントニオ猪木の「なんだこの野郎！」にすると雰囲気が殺気立ってしまうのでまずいのです。

出会いのゲーム

頭星人・オシリ星人

　参加者を2グループに分け、片方のチームは片手で頭を押さえた頭星人、もう一方はお尻を押さえたオシリ星人のチームとして、歩く速さでのチーム対抗のオニごっこです。お互いに勢力を拡大しようとするゲームですが、相手チームのメンバーに先にタッチされた場合は、押さえている場所を変えて相手チームの一員に寝返ってしまうという、能天気というか、ちょっと節操のないゲームです。
　全員が同じ星人になったところで、1回戦は終了です。作戦タイムをはさんで2回戦に。

持病オニ

　「頭星人・オシリ星人」のバリエーションです。
　参加者は各自で自分の好きな（任意のという意味）病気になり、患部を片手で押さえます。一斉にスタートして歩く速さでのオニごっこをして、自分の持病を誰かにタッチすることで感染させます。タッチされた人は新しい患部を押さえて、他人に新しい病気を染すようにします。
　全員が同じ病気になったところでゲーム終了ですが、ほとんどの場合、最後は心の病気で終わります。

生態系

　病気をゲームにするとはなんて不謹慎なんざましょ、という向きには自然界の生態系維持のメカニズムを教材とした、格調高いゲームはいかがざましょ。「最初はグー、ジャンケンポン」で、出した手の形のままでオニごっこをします。パーの人はグーを追いかけてチョキから逃げるわけですが、ゲームの目的は自分たちの種の繁栄ですから、グーを絶滅に追い込むとチョキの天敵が無くなってしまいます。そこで、タッチされて動けなくなったアウトの人は、その人の股間をくぐり抜けることで再生できることとします。
　ゲームを通じて生物の共生を学習できるなんて、なんてファンタスティックなんざましょ。ただし、股間を通過するときに頭つきを食らわさないように。

連結オニ

　2人で腕を組んだりほどいたりの、歩く速さのオニごっこです。
　オニと逃げ手のほかは、2人組で腕を組んでいます。逃げ手の人はピンチになったら、そばのカップルに勝手に連結することができます。連結された逆側の人は、腕をほどいて新しい逃げ手になります。タッチされたらオニと逃げ手は役割を交替します。連結がはっきり分かるように、大きな声で「ガッチャン」と言いつつ腕を組むようにします。人数が多いときは、オニと逃げ手の数を増やすことで何人でもできます。

パントンパンパン

　パンは拍手、トンは足踏みのゲームです。
　円になって、最初の人がパンと拍手を1回したら、となりの人はトンと足を1回、そのとなりの人はパン、そのとなりもパンと拍手が2回、となりがトンで、そのとなりもトンで足が2回、というふうに徐々に叩く数を増やしていきます。手1足1手2足2手3足3手4足4手5足5まで行ったら、手4足4手3足3手2足2手1足1と減らします。これをリズミカルにやるだけのゲームです。20人の輪だと2周半の勘定になりますが、大人でもなかなか1回や2回では成功しません。間違えた人に罰ゲームはありません。「みんなで頑張ろう」のゲームだからです。

進化ジャンケン

負けたら最初から

　別名、出世ジャンケン。
　全員が手足を床についたカメからスタートします。カメはカメ同志ジャンケンをして勝ったらしゃがんでウサギに、ウサギはウサギ同志ジャンケンをして勝ったら立ち上がって人間に、人間同志で勝ったら引退して傍観者になれます。どの形態でも負けたらカメに逆戻りしますから、3連勝しないと抜けられません。最終的にはカメとウサギと人間が1人ずつ残ります。
　この種の形態物は、対象によって自由に設定できます。仰向けで身動きできない逆さガメを入れてもいいし、体操の選手たちには片手倒立を入れてもいいのですが、サラリーマンに出世物をやると身につまされて楽しめません。

出会いのゲーム

チクタクボン

　サッとできるところが素晴らしい、時報のゲームです。
　チク・タク・チク・タク・ボンで1時です。輪になって1人ずつ、「チク」「タク」「チク」「タク」「ボン」と5人目が1時の「ボン」を言います。さらに続けて、チク・タク・チク・タク・ボン・ボンで2時という具合に、間違えないでリズミカルに、何時まで時報を告げることができるかをグループで挑戦するゲームです。指折り数えたりするのは反則にします。

出会いのゲーム

パタパタ

　柔道の前方受け身のように、両手を床につけて手の平で円を作ります。この手の平の円をパタパタと連動させて1周させます。はいOK、これは導入編。
　第2段階は、左右の手をとなりの人と交差させてパタパタさせます。はいOKです、ちょっとまごつきましたね。以上、プラクティスモードでした。
　第3段階はゲームモードです。同じ手が2回連続してパタパタしたら逆回りに、手の平の代わりにゲンコツでトンとしたら1人とばしで、リズミカルにパタパタします。つっかえた人はアウトで、つっかえた手を後に引っ込めます。最後まで残った人が優勝です。
　第4段階は究極モードで、自分の番のときにオナラをします。タイミングよく放屁できたら無条件で優勝です。力みすぎて別の物が出た場合は、人間失格です。

魂で握手

　最初に全員に1か2か3を、心の中で選んでもらいます。

　無言で周囲の人と握手を交わし、選んだ数だけギュッと握ります。数が合ったらどちらかの後に連結していき、最終的に1回の列と2回の列と3回の列ができるようにします。ただそれだけのゲームですが、握手の習慣のない日本人にとっては、心理的な距離がかなり縮まるゲームだと思います。

　握手の代わりに、選んだ数だけ鼻を鳴らす「ブタ小屋ゲーム」もありますが、これはゲームの意味としては出会いのゲームというより、自分の殻を破るゲームの部類に入ります。

よろしくゲーム

　リーダーの出入りで、全体の数を奇数にします。
　2人組でしゃがんで、ペアのできなかった人が簡単な自己紹介をします。自己紹介の最後は必ず「よろしく」で結ぶ約束にして、この「よろしく」が次のペアを組む合図となります。「よろしく」の声がかかったら全員相手を替えて新しいペアを組み、あぶれた人が「よろしく」で終わる自己紹介をします。
　自己紹介があるんだから出会いのゲームというより、知り合うゲームじゃないのか、と思われるかもしれませんが、実際のところ、このゲームの最中は次のペアを組むことで頭がいっぱいで、誰もまともに聞いてはいないのです。

出会いのゲーム

指と指

　よろしくゲームの最後のペアのまま続行すると、すんなり流れていきます。

　リーダーが最初のあぶれ者になり、それぞれのペアで手の指をくっつけるように指示します。「それが指と指です。では、相手を替えてヒジとヒザ！」と言いつつ誰かとペアになり、自分のヒジと相手のヒザをくっつけます。あぶれた人が「オシリとオシリ！」という具合に、身体の部位と部位を言ったら次のペアをつくりなおすというゲームです。

　エスカレートして「足のウラと顔面」は、ちょっと問題があります。「指と肛門」は問題外です。

　4人1組で「手と足」で、手足、足手、手足、足手、のループをつくるのが上級編です。

知り合うゲーム

お互いの名前と人柄を知り合うゲーム

　名前を覚えることも重要ですが、名前が呼ばれることも重要です。知り合うことは一方通行ではないからです。人となりを知るには10時間の面接より、1時間のゲームの方が効果があります。面接はラベルを読むことで、ゲームは実際に味わうことだからです。

名前ゲーム

　名前覚えゲームの決定版。
　人数が多いときは、10〜20名程度の小グループに分けて始めます。お互いの名前を呼びながら柔らかいボールをパスすることで、それぞれの名前を確認していきます。「○○君、（私は）△△です」と声をかけつつ、○○君にやさしいボールをパスします。ボールをキャッチした○○君は、「どうも△△さん、（私は）○○です」と念を押してから別の誰かに、同じ要領でパスします。全員がやり方を理解したところで、ボールの数を増やしていき、あっちでもこっちでも、名前の洪水になっていきます。
　クラス全員の名前を覚えるのに、たったの1時間。それよりも素晴らしいことは、新しい集団に入ってすぐに自分の名前が繰り返し呼ばれることです。

ご対面

　名前ゲームが終わったら、うろ覚えの名前を楽しく焼きつけるゲームを立て続けに。

　２つのグループに分け、カーテンなどのスクリーンをはさんで向かい合うように配置します。それぞれの代表者１名をスクリーン越しに向かい合わせ、リーダーが幕を落としたときに、先に相手の名前を呼んだ方が勝ちです。負けた人は相手チームに移動し、相手チームの新戦力になります。

　スクリーン状のものがなければ、グループごとに内向きの円になり、１点で接する歯車状に回りながら、リーダーの合図で背中合わせの人が振り返って、というパターンもあります。

知り合うゲーム

名前回し

　地面や芝生やカーペットではできません。体育館やピータイルの床で行う、名前覚えのゲームです。
　グループにサラ状のものを3～5枚用意し、グループの誰かの名前を呼びながら回します。呼ばれた人は、サラの回転が止まる前に、別の誰かの名前を呼んで回し直します。それを繰り返して、グループ全体でどのサラも止まらないように回し続けるゲームです。
　サラはフリスビーでもOKですが、回転の最後の方にガラガラガラと音のでるような、金属製の重厚なものの方が盛り上がります。

ピンボール

　このゲームも名前がうろ覚えのときに効果的です。
　誰かが口火を切って人の名前を呼び、その人の方にツカツカ歩いて行きます。呼ばれた人は別の誰かを呼んでその人の方に歩き出します。その呼ばれた人も素早く別の人を呼び…という具合にみんなでサクサク動き回るゲームです。
　つっかえた人は、デヘヘです。罰ゲームはありません。デヘヘの人からゲームを再開すればいいのです。

シルバーシート

　「ピンボール」の逆バージョンです。
　椅子や紙ザラなどで満席の輪をつくり、中央に1人あぶれた状態でスタートします。席に着いてる誰かが中央の人の名前を呼んで、席を譲ります。すかさず他の人が、譲った人の名前を呼んで席を譲ります。呼ばれた人が着席する前に別の人が席を譲るように、次から次へと滞ることなく動き続けることがゲームの目的です。
　「ピンボール」と「シルバーシート」は表面上は似かよったゲームですが、「ピンボール」は個人で呼ぶこと、「シルバーシート」はグループに呼ばれることの大きな違いがあります。

別名ゲーム

　名前ゲームの直後でも、旧知の仲でも楽しめる名前ゲームです。
　中心を向いて円になり、中に１人のオニが入ります。オニは円の誰かを指差して「左」または「右」と言って、即、自分の出身小学校を言います。出身小学校を言うのは、「ダルマさんが転んだ」のようなカウントの意味ですから、好きな歌でも、自宅の電話番号でもいいのです。指差された人がオニより早く、右か左の人の名前を言えればセーフですが、「あわわわ」状態の場合はアウトでオニと交替します。
　左右の他に「私」「あなた」を加えると、一層あわわわします。

知り合うゲーム

ジャンケンコール

　これも名前がうろ覚えのうちにするゲームです。
　センターラインを挟んで、2グループに分かれて向かい合います。ジャンケンポンでジャンケンをして、相手チームのジャンケンがあいこの人で、目が合った人の名前を先に言った方が勝ちです。先に呼ばれた人はセンターラインを越境して相手チームの要員に転向します。一方のチームが全員いなくなったらゲームオーバーですから、最終的には全員が勝ち組みになるわけです。
　センターラインというと、きちんとした物を用意しなければいけない感じがしますが、ロープでも木の棒でも、足で地面にズリズリした線でもいいのです。ただし、おしっこで線を描いた場合はずいぶん離れてジャンケンをすることになります。

レプリカ

　円になって1人ずつ適当な動作を披露し、全員がそのポーズをコピーする愉快なウォームアップのゲームです。
　テーマは単純に「ストレッチ」でもいいのですが、現在の心境とか、学校の思い出とか、好きなスポーツとか、いろいろと設定することができます。名前にちなんだポーズや趣味などをテーマにすれば、お互いを理解する格好のゲームになります。私は「モロさん」にちなんでオシリもろ出しのポーズを得意になってやったのですが、名前はくっきり覚えてもらいましたが、何か烙印を押されたような気もします。

見えない共通点

　相互理解のためのゲームです。
　２人から数人のグループに分け、グループごとに筆記用具を配ります。ゲームの目的はグループに共通することで外見では分からない事項をリストアップすることです。次男であるとか、海外旅行に行ったことがあるとか、北海道に親戚がいるとか、そういうことです。
　個人的に言いたくないことを告白する必要はありません。「サラ金から逃げています」って白状されても困っちゃうしねえ。また、主観的なことも×です。「私たち、ウンコが太いんです！」って言われてもねえ。

ラインナップ

　順序よく並ぶだけのことですが、なかなか奥の深いゲームです。
　たとえば学校の先生が対象の場合は、「教育の経験年数の順に並んでみてください」だけでも充分ですし、キャンプの初日に「目を閉じたまま、黙って靴の大きさの順に並んでごらん」でもOKです。
　また、LHRでは体育館のカベに沿って「黙って生年月日の順に並んで」だけでもいいのです。生徒から「どっちが1月生まれですか」と聞かれたら、肩をすぼめて「さぁ」のポーズで応えてもいいのです。
　意志決定、コミュニケーション、リーダーシップなど、体験教育の要素がどっちゃり詰まったゲームですが、問題はやり方で…。

知り合うゲーム

したことある人

　あぶれたオニが言う「朝ごはんを食べた人」などに該当する人が場所を換えるのが「何でもバスケット」。中央のオニと一斉にジャンケンをして、負けた人が場所を換えるのが「ジャンケン場所がえ」。どちらも、楽しいことは楽しいのですが、毎回オニが出るゲーム仕様のため、オニになりたくないばかりに心から楽しめない人がいるかもしれません。

　このゲームでは全員の席が確保されていてオニは出ません。着席している誰かが「靴下をはいてる人」と勝手に言い出していいのです。そうしたら、裸足じゃない人はあわてないで席を換えます。このゲームの目的は、楽しみながらお互いを知ることです。「失恋の経験がある人」「酒で失敗したことがある人」「小学校でウンコをもらしたことがある人」までは許されるのです。「不倫にからんで、現在、離婚調停中」は楽しくないのでタブーです。

境界線

　「したことある人」の応用編というか、よりお互いを理解するためのゲーム。

　グループの誰かが「花粉症の人〜?」とか「3ｍ以上潜ったことがある人〜?」とか、イエスかノーで答える質問を言い、これにイエスの人はロープの向こう側にノーの人はロープの手前側に移動します。

　「したことある人」では誰が該当者なのかがよく分かりませんでしたが、このゲームでは誰と一緒のグループなのかがよく分かるので、お互いの顔ぶれを見合わせて話題がはずむゲームです。

　「したことある人」同様にネガティブな話題はタブーです。

知り合うゲーム

仲間さがし

　このゲームも簡単で楽しく、多人数でもできるゲームです。
　リーダーが「血液型」などの、外観では判断できない項目を言って、それぞれの血液型同志で仲間を見つけてグループをつくるゲームです。対象に合わせていろいろな条件を提示しましょう。例として、
　幼稚園では、「好きなおかず」や「好きな動物」
　小学校なら、「好きな勉強」や「きょうだいの数」
　中学校では、「好きなスポーツ」や「生まれた月」
　高校生には、「好きなアイドル」や「失恋経験」
　成人なら、「給料の額」や「ローンの残り年数」
　高齢者には、「常用しているクスリの種類」や「年金の額」など。
　あらら、何か暗くなっちゃいましたね。

きずなのゲーム

自分を開いて、
より深い関係と協力の下地をつくるゲーム

　失敗を恐れて無難にまとめるのも1つの方法ですが、それでは潜在的な力もチームワークも発揮できません。安全圏の中では、成長も学びもたかが知れています。自分の殻を脱ぎすて、お互いに無防備な状態を安心してさらけだせる関係、それが信頼関係の基礎です。

財布の中身

 これは大人のゲームです。
 普通の自己紹介では、ほとんどの人は差し障りのない表向きのことを話しますが、このゲームではありきたりの自己紹介よりもはるかに深く、その人の人となりが理解されます。
 ２人組になり自分の財布を開いて中身を相手に説明しながら、自分の生活ぶりを紹介します。各種カードや領収書、もらった名刺や免許など、財布の中身は本人の口より雄弁な場合が多いのです。
 プライバシーの問題もあるのでオープンにする内容は本人にまかせることを確認しておきます。

きずなのゲーム

いいとこどり

　擬音と動作による、自己主張と妥協のゲーム。

　最初は1人対1人で始めます。それぞれ自分で決めた「動作（ポーズ）」と「音」を、いっせえので発表しあいます。お互いに相手の動作と音が分かったところで、それぞれの動作と音のどちらかを組み合わせて、もう1度いっせえので発表します。ゲームの目的は最終的に全員が同じ動作と音になるようにすることなので、2人が一致するまで何度もいっせえのを繰り返します。2人の動作と音が合ったら、別の2人組の動作と音が一致するまで、という具合に仲間を増やしていきます。

　最終形の音とポーズを自分たちのグループのシンボルにすると盛り上がります。

五目ヤキソバ

　輪の中央に１人がボールを持って入ります。ボールを持った人は「魚の名前」と言いつつ輪の誰かにボールを差し出します。指名された人がこの挑戦を受けるときは、自分でボールを受け取ってとなりの人にボールを手渡します。ボールが手から手に手渡しされて１周する前に、魚の名前を５種類あげることができたら指名された人の勝ち。５種類が思い浮かばなかったら挑戦者の勝ちで、立場を交替します。指名された人が挑戦を受けない場合は「受けない」と宣言し、挑戦者が指名した人のとなりの人にボールを渡します。ボールが１周する間に挑戦者が「サンマ、タイ、トビウオ、ヒラメ、カツオ」とか言い切れたら、挑戦者の勝ちで２人は入れ替わります。
　魚の名前は一例で、虹の色でもふられた女性の名前でも、５つ以上あるものは何でもいいのです。

番　号！

　誰の考案かは知りませんが、シンプルで楽しい、ゲーム界の頂点を極めたゲームです。

　グループ全員が番号をかけることが課題です。ただし、番号をかける順番を相談したり目で合図したりしてはいけません。また、2人が同時に言いかけたらアウトで、1からやりなおします。簡単そうで、なかなかのゲームです。

　交換留学生をまじえて英語で挑戦することもできるし、歴史の授業で歴代の将軍でもOK。化学の周期表でも何でもござれのゲームの基本形です。

きずなのゲーム

番号合わせ

「番号！」に動作を加えたのが、番号合わせです。
　やや大きめの内向きの円になり、「番号！」の要領で誰かが「いち！」と言いつつ1歩前に出ます。次に「に！」と言いつつ同時に2人が踏み出せばいいのですが1人だったり3人だったりの場合は、最初からやりなおしです。
　おもしろそうだけど7まで挑戦しようとしたら27人以上いないとダメなのね、とか短絡しないでください。適当に散らばってしゃがんだところから、1で1人起立し、OKならしゃがんで2で2人、また、しゃがんで3で3人というふうにアレンジすれば7人で7も可能です。ただし、100人で100に挑戦するには日本野鳥の会の応援が必要だし、すっごく退屈なゲームになると思います。

竜のしっぽ

　4～5人を1組で前の人の腰を持って連結し、最後尾の人の腰にタオルやバンダナを差し込んでシッポのついたドラゴンをつくります。

　ゲームは最前列の頭部の人が他のドラゴンのシッポを狙う争奪戦です。シッポを奪われる以外に、途中で胴体がちぎれたり、転んで泣いたりしたら失格です。転んでも泣かないのが強い子です。

　このゲームをきずなのゲームに分類したのは、連結しているからではありません。ゲームに際して、ニュージーランドのオールブラックスのように、各ドラゴンが戦いの前に自分たちを鼓舞する大声対決をするからです。相手を威嚇するように大声で吠え合ってからゲームを開始します。

　普段、封じ込めている絶叫は自分の殻を破る1つの手段です。

水族館

　水槽のガラスをたたいて、魚をビックリさせようとしたことはありませんか？　私はあります。そのとき、このゲームが誕生しました。

　エサとしてビーチボールやソフトバレーボールを2人に1つ用意します。リーダーが「エサだよ〜」と言いつつボールを転がし、エサの各ボールを2人組で片手で挟んで支えます。そのとき参加者は、毎回自分が魚かエビかカニかを心の中で決めておきます。次に水槽のガラスをたたくという意味で、リーダーは床をドーンと踏み鳴らします。そのとき、このショックにびっくりして魚たちは右往左往するわけですが、魚の人は前方に、エビの人は後方に、カニの人は右か左に、素早く移動します。そのとき、2人の呼吸が合ってエサのボールが落ちなければOKです。そのとき、2人の呼吸があってボールを落とさずにササササっと平行移動できたときは、妙にうれしいから不思議です。2人の移動が合わずにエサのボールが落ちたら、そのときはそのときです。

サークル綱引き

　工事用の黒と黄色のトラロープを使ってはいけません。細すぎて手が痛くなるからです。長さは、じっとしていると届いてしまう距離に設定します。中央のオニにタッチされたらオニと交替します。剣の場合はスポーツチャンバラで使うようなウレタン系のフニャ剣です。
　ロープを持ちかえること、オニに向かってツバを吐くこと、意地になって楽しまないこと、などは反則です。
　応用は全員がロープの内側に入って、オニが後からフニャ剣で浣腸するパターン。

アップダウン

ダウン！　　　　　アップ！

　視線の行方がはっきり分かる程度の人数で行います。
　肩が接するような円をつくり、リーダーの「ルック、アップ」「ルック、ダウン」の号令に合わせて、全員顔を上げ下げします。顔をあげたときには必ず誰かの目を見るようにし、そのときその人と視線が合わなけれセーフですが、視線が合った場合は２人ともアウトで、奇声を発しながら円から飛び出します。視線がショートして宇宙船から放出されるという物語だからです。
　段々と人数が減っていきますが、抜けた人が別の円をつくって、そちらでも同じことを始め、入ったり来たりするようにすれば延々とゲームは続きます。

世紀末ゲーム

　アップダウンのバリエーションです。
　アップで顔を上げるときのポーズは、世紀末を象徴する上の図の「飢え」と「寒さ」と「病魔」のいずれかとします。視線が合ってしかもポーズが一緒の場合は、2人ともその症状が始まります。例えば「飢え」の場合は、「うう、何かくれ〜」とか言いつつ周囲にすがります。ゲームが進むとバタバタと倒れる人が続出しますが、これを生き返えらせることができるのが勇者です。勇者になろうと思う人はアップの号令に合わせて、ちょっと恥ずかしい勇者のポーズで1歩前に飛び出します。このとき勇者が偶数だったら全員が回復できますが、勇者が奇数の場合は、世直しに失敗した落ち込みのポーズになってしまいます。

目かくしオニごっこ

　2人1組での歩く速さのオニごっこ。
　2人は前後にならび前の人は目を閉じて、後の人は目を開けたナビゲーターになりますが、誘導は声だけで、触ってはいけません。オニのペアはオニの印のニワトリの死骸をぶら下げて、コケコケ言いながら追いかけます。このニワトリの死骸でタッチされたら、その組みが死骸を受け取って新しいオニ組になります。
　念のために言っておきますが、ニワトリはゴムのおもちゃです。本物の死骸でやったら、怪しげな新興宗教の儀式になってしまいます。

臨死体験

臨終の瀬戸際に、ある人はまばゆい光を、ある人は三途の川を、多くの人はそれまでの人生が走馬灯のように見えたといいます。最後の走馬灯をジェスチャーのしりとりで回すのがこのゲームです。車座の状態から突然、誰かが単語を発して倒れます。その単語からのジェスチャーのしりとりが時間内に１周できれば、その人は蘇生することができます。制限時間は、倒れた人が息を止めていられる間とします。したがって、ジェスチャーが１周しても蘇生、息を吹き返しても蘇生です。たとえゲームといえども、ご臨終というのは感心しません。

情報戦争

　これはイケます。
　向き合って敵味方の2列になり、それぞれ手をつないで強く握る「ギュッ」が伝わるようにします。各列の先頭の2人だけは目を開き、リーダーのコイントスの結果を見て、表が出たら自分の列に「ギュッ」を送ります。列の最後尾の人は「ギュッ」が届いたら、前に置いてあるボールを先に奪うようにします。
　奪った列の人が1勝ですから、勝った方の列の人は1人ずつローテーションして次の対戦、という具合に勝負を続けます。先にローテーションが1周したチームが優勝です。お手つきのときは、逆回りに移動します。

お疲れ仮面

情報戦争の表情バージョン。

グループを2組に分け、リーダーに背を向けた2列にして座らせます。リーダーは列の先頭の2人の肩をたたいて振り向かせ、怒りか悲しみか喜びのどれかの感情を無言の表情だけで伝えます。先頭の2人はその表情を読みとり、同じ手順でそれぞれの列の最後尾の人に大急ぎで感情を伝えるようにします。

列の最後の人は、伝わってきた表情が喜びなら黄色の、怒りなら赤の、悲しみなら青のボールを奪取します。

基本形は怒りと悲しみと喜びですが、優秀な演劇科の学生が対象なら、やるせない・気まずい・切ない、の高度な顔色も可能でしょう。

3つのボールは最後尾の人の間に置き、お手つきの場合のペナルティーは「情報戦争」と同じです。

きずなのゲーム

三位一体

　スピードラビットの通り名で知られる、キャンプでお馴染みの3人1組あわわわ形態模写。

　オニを囲んで円になり、オニに差された人を中心に左右の3人で連携して指定のポーズをつくるゲームです。オニは「だるまさんが転んだ！」をカウントし、数えている間にポーズがつくれなかったり、あせってトンチンカンな格好をしてしまった人が、オニと交替します。

　ポーズは上の例のほか、リーダーの持味をだして創作します。ただし、あまりマニアックなものや、アブノーマルなものは歓迎されません。

仮面オニ

「頭星人・オシリ星人」のバリエーションです。

歩く速さのオニごっこで、最初に3つのグループに別れます。それぞれ、笑顔、泣き顔、怒り顔でスタートし、タッチされたらタッチした顔に表情を変えて、ゲームを続けます。最終的に1種類の顔になったところでゲーム終了ですが、予想はつくと思いますが、途中で笑いだしてしまうので、最後は全員笑顔です。

このゲームはきずなのゲームとしての位置づけですから、表情を豊かにそれぞれの声を出して、その仮面を演じきることが重要です。

リアクション

　パターンⅠ：視線の行方がはっきり分かる程度の大きさの円になり、目が合った人同志が場所を交替します。あうんの呼吸で視線を絡めるので、号令のような合図はありません。

　パターンⅡ：目立つポーズを好き勝手に披露し、誰かが同じポーズで応えてくれたら場所を交替します。

　パターンⅢ：ズボンのポケットに親指を入れたり、唇をなめたりする程度の目立たないサインをそっと送り、誰かが気づいて同じことをしてくれたら、２人で場所を交替します。

　楽しいゲームにはまちがいありませんが、「私のサインを受け取ってくれるだろうか？」という不安や、「誰かのサインを見落としてはいないだろうか？」という気配りなど、サインを出す側と受ける側の心理には微妙なものがあります。

ゾンビ

　夜な夜な墓場からはい出してくる死霊、ゾンビ。今宵はここに！

　体育館のような、足元の安全な範囲のはっきりした場所で、全員が目を閉じて両手を前に出します。ゆっくりと徘徊し、誰かと触れたら両方の手の平を相手と合わせます。人間同志の遭遇の場合は何事も起こりませんが、ゾンビが相手の場合はおぞましい絶叫が発せられます。これであなたもゾンビの仲間入りです。

　ゾンビがどんどん増殖して全員ゾンビ化するかというと、ゾンビ同志の遭遇では2人とも人間にもどれますから、このゲームは一番鶏が鳴くまで続くのです。

ツボツボ

アフリカの伝承遊びで、日本の「ダルマさんが転んだ」に相当します。

オニを先頭の一列になり、先頭のオニが「ツボツボ」と言ったら全員で「イェイイェイ」と呼応します。オニは「ツボツボ」を繰り返しながら、円を描いたり8の字を描いたり跳んだり跳ねたり回ったり、自由に動き回ります。オニ以外の人は「イェイイェイ」を唱えながら、オニの動作を真似てオニのコースをたどります。

途中でオニは、「ツボ！」と片足立ちなどのポーズを決めて静止します。そのとき全員がオニのポーズで静止しますが、止まりきれずにグラッとした人がオニから「ボツ」と指さされて次のオニになります。

ホグコール

声を頼りにパートナーを捜し出すゲーム。

全員が2人組に分かれて、語呂がよくて対になる合い言葉を相談します。それぞれの合い言葉が決まったら、体育館のあっちとこっちぐらいに離れたところにパートナーを離します。移動がすんだら両手を前に出し、目を閉じて一斉にスタートして、呼び合う合い言葉を頼りにパートナーと再会します。

目を閉じてのゲームですから、足元が安全で範囲のはっきりした体育館のようなところが適しています。

きずなのゲーム

お決まりのポーズ

 いつでも、どこでも、誰とでも。準備の要らない楽しいゲームです。2人組になって、1人は目を閉じてネンドの役を、もう1人は目を開けたまま芸術家になります。芸術家はネンドの手足を動かしてポーズをつけて、自分の言いたい言葉をネンドに言わせるようにします。ネンドが一発で意中の言葉を発してくれれば大成功で、役割交替です。
 具体的な言葉から抽象的な言葉に、短い単語から長いセリフに、難度を上げて挑戦しましょう。お下劣な言葉は、それが許される関係の場合だけにしておきます。

人間カメラ

　2人組になり、1人はカメラマンにもう1人はカメラ本体になります。このデジタル化の時代に、脳裏に焼きつけることがかえって新鮮なゲームです。まず、カメラマンは自分の撮りたいもののところまで、目を閉じたカメラの手を引いて誘導します。アングルを考えカメラ（頭）を固定したら、耳のシャッターを引っぱって写真を撮ります。シャッタースピードは耳を引いている時間です。その場ですぐに役割りを交替すると、せっかく鮮明な画像が紛れてしまいますので、時間の余裕があれば、もとの場所まで目を閉じたまま連れて帰ります。

　役割りを交替した後のふりかえりで、カメラが見た景色は何か、カメラマンは何を伝えたかったのかを話し合うのも1つの方法です。

きずなのゲーム

モデルとネンドと芸術家

　ゲームは3人組で行います。
　1人は目を閉じてのネンド役、2人目も目をつぶって芸術家に、3人目は目を開けたまま好きなポーズをとってモデルになります。目を開けたまま、というのはまばたきをするなという意味ではありません。
　芸術家がモデルのポーズを手で確かめながら、ネンドでモデルの複製をつくることがゲームの課題です。
　目を開けたままなのはモデルだけなので、周囲の安全に気を配るのはモデルの役割分担になります。ネンド方面が視野に入るポーズをとりましょう。

鉄人28号

　鉄人28号、なつかしのヒーロー。今考えると、簡素なスティックがついただけのラジコンで、あんなに自由自在にロボットを操れるわけがない。それに正太郎君は夜遊びしすぎ。子どもは早く家に帰って寝ないといけないんだ。

　2人組で1人はうつぶせに寝たロボット役、もう1人がラジコンの操縦者になります。ロボットを起立させることが課題ですが、操縦者は「立て」とか「起きろ」などの具体的な複合動作の命令はだせません。脳から神経を通じて筋肉に伝わるような、「右腕を直角に曲げて」とかの局部的な命令を繰り返して、最終的にロボットを起立させます。

トラの穴

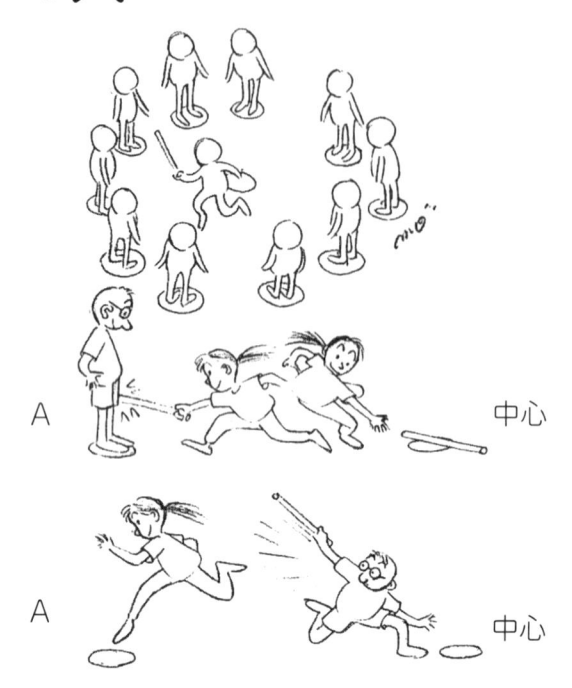

このゲームには立ち位置をマークする紙ザラのようなものが人数分と、ウレタンフォーム系のフニャ剣のような柔らかい棒が必要です。

オニは誰かの下半身をフニャ剣でたたいて、即、剣を中心のサークルに置いてたたいた人の場所に入ります。たたかれた人はオニが自分の場所を奪う前に、フニャ剣を拾ってオニをたたき返すようにします。たたき返せばオニの負けでオニは続投、間に合わなければオニと交替して新しいオニになります。

フニャ剣は必ず置くようにし、投げてはいけません。また、たたくところは下半身に限ります。

勇者の印

「トラの穴」のバリエーションです。
 アメリカ先住民の真の勇者は、敵の部族居留地に丸腰で侵入し、睡眠中の酋長にデコピンしてくる、という逸話に基づいたゲームです。「トラの穴」の最中に、オニが出ているスキにどさくさに紛れてフニャ剣置場に鼻の頭をつけて自分の場所にもどります。無事もどれたら「勇者の印！」と叫びます。このバリエーションのおかげで、オニとたたかれた人だけでなく、全員がゲームに参加できるようになります。
 さらに、勇者が出かけている間に、勇者の場所に近所の人が勝手に入り込んで勇者を宿無しにしてしまう裏技もあります。

きずなのゲーム

発　射！

　２人組でパイロットと発射装置を分業してのボールの当てっこです。

　目を閉じてのゲームなので、場所の安全の他に次のことにも注意しましょう。「発射！」は前腕の降り下げ動作だけに限定して、野球のような投げ方は禁止します。ボールはフニャボールを使用し、硬式テニスのボールは使わないこと。ボールを拾うときは上体を垂直にしたまましゃがみ、頭を下げないこと（ヒザ蹴りを食らうことがあるので）。

　発射装置が当てられたらパイロットと交替して、両方とも当てられたら場外に退場してボールボーイになります。

協力ゲーム

知恵と力の個性を合わせ、
チームワークで課題を解決するゲーム

　自分の殻を脱いで、安心して接することができる信頼関係ができたら、協力して課題を達成する協力ゲームの出番です。
　学んだことが普段の生活に活かされるようなふりかえりを持ちましょう。

協力ゲーム

惑星旅行

　さあ、惑星旅行の時間です。みんなで楽しく銀河の果てまで行きましょう。途中でいくつかのブラックホールを通過しますが、その時は安全地帯に緊急避難しないとブラックホールに吸い込まれてしまいます。安全地帯には必ず両方の足がはいっていなければなりません。準備はOKですか、では出発。♪ラララ無人君、ブラックホール接近！……はいOK、全員無事です。宇宙旅行を続けましょう、♪ラララ無人君（安全地帯を縮小させる）、ブラックホールだ！…はい、なんとかOKでした。続行します。…（どう見ても全員は入れない大きさまで縮小する）♪ラララ、ブラックホール！……一同あきらめ状態の中、いつも非建設的なことばかり言っているM君が両足だけ輪に入れて寝転ぶ。それを見て、全員があわてて真似をする。（幕）
　発想の転換を要求するゲームです。

アリの行列

　オリジナルの名前は「TPシャフル」です。TPはTelephone Poleの略で電柱のことですが、だからといって「電柱でござる」と命名するのは如何なものでしょうか。

　地上30cm程度に横倒しの電柱(平均台でも5寸角の角材でも何でも)に全員が乗り、生年月日の順や氏名の50音順などに並び換わる課題達成型のゲームです。誰かが落ちたら、最初の配置から全員やり直すルールやチャンスは1回だけなど、対象に合わせて課題の難度を設定します。

　ゲーム自体は単純なので、実施するだけなら誰でもできますが、その分、ふりかえりの充実度については、指導者の力量が問われるゲームです。

協力ゲーム

菅平バレー

　女子のバレーボールの授業のとき、なかなか試合にならなくてしらけたことはありませんか？　そんなときはリードアップゲームとして、「菅平バレー」をどうぞ。ボールをネット越しにパスした人は、ネットをくぐって相手コートに移動しなければなりません。このルールで敵と味方の全員がコートを入れ替わること、それが課題のゲームです。

　敵も味方、味方は味方のみんなで楽しむバレーボールです。

　ちなみに菅平は「カンペイ」と読んでいただきます。

協力ゲーム

もじもじ君

　5〜10人ぐらいの少人数のグループで作る人文字しりとりゲームです。体育館のあっちとこっちに別れて、英単語のしりとり遊びをします。このゲームでは、選ぶ単語に人間性が表れます。「PEACE」などを提案するポジティブで前向きな人、10人しかいないのに「UNREASONABLE」などを作ろうとする挑戦的な人、10人もいるのに「IT」で済まそうとする手抜きな人、および、スキあらば猥褻な単語を作ろうとするトホホな人などです。

　英単語編に飽きたら、ちょっと高度な「情景編」の応用編もあります。これは、グループで歴史上の出来事などの一場面を選び、それを再現して相手チームに推理してもらうゲームです。「原爆」「タイタニック」「チャレンジャー号」「ケネディ暗殺」など、けっこう表現できるものです。

協力ゲーム

バドワイザー

　バドワイザービールのTVコマーシャルを覚えていますか？　3匹のカエルがBUD・WEIS・ERと続けて商品名を宣伝する例のCMです。
　数人のグループに分け、各グループから1人ずつ出題者のところに行き、自分の担当するパートのシラブル（音節）を聞いて、それぞれのグループに戻ります。ゲームの課題は与えられた順不同のシラブルの配置を換えて、出題された単語が何なのかを当てることです。
　各メンバーが発声できるのは、自分のパートのシラブルだけで、普通に話し合ったりはできません。
　問題は英単語でも、日本語でも、文章でも、対象に合わせて自由自在です。

目かくし多角形

　グループ全員が目かくしをして輪になったロープを握り、正方形や正三角形などの、指示された図形をロープでつくる課題ゲームです。

　ロープに沿って移動することはできますが、ロープから手を離すことはできません。また、ロープの全長を使わなくてはいけません。人が頂点にならなくても辺の途中でもいいので、4人以上で正方形でもOKです。

　目かくしのゲームで、実際に目かくしを使うのか、目を閉じるだけにするのかはゲームの目的や対象やフィールドの状況などによって違います。このゲームでは移動することもありませんし、できあがるまでは見えない方がいいので、目かくしを使った方がいいと思います。

　応用編は、ロープを使わないでボーリングのピンの配列や、北斗七星の配置などに目かくしで挑戦する「星座編」です。

協力ゲーム

魔法の鏡

　図のようにセットしたフープを全員がくぐり抜けて、フープの向こう側に元のような内向きの円を作ることがゲームの課題です。「魔法の鏡を抜けて別世界に行きましょう」というファンタジックな設定です。

　最初はほとんど100％外向きの円になってしまいますが、鏡の世界ですから元のような内向きの円にならなければいけません。

　ゲームの前の説明では夢のあるファンタジックな物語を比喩的に使います。このゲームも「底抜け脱肛ゲーム」と呼んでしまえば、やる気半減です。

どうも、どうも、どうも

　古典的な数学問題を使った課題達成ゲームです。
　7人で輪を作り、となりどうしで握手を交わします。となりの人の確認が済んだら、輪を解いて2回目の輪を作りますが、このとき全員が1回目の人とは別の人ととなりどうしになるようにして、また、挨拶の握手をします。もう1回、3回目の輪も同じように作って全員が全員と握手できるようにします。その組合せは1通りしかありません。
　7人のグループなら3回で、9人では4回の輪で同じことをします。
　TRAFFIC JAMやTWO BY FOURなど、同系統の数学的な課題ゲームのときには、しゃがみこんで1人で勝手に解こうとする人が出てきますので、「集団への課題なので実際の動きで解決して欲しい」ことを事前に説明しておきます。

協力ゲーム

迷走UFO

　目を閉じて手をつないで輪になっているグループを、目を開けた中心のナビゲーターが言葉だけの指示で目的地まで誘導するゲームです。
　単純に直線的に移動するのではなく、木々の間を通ったり、体育館の床に描かれているいろいろなラインをなぞったりして移動します。このような移動するゲームでは、目かくしをすると転びそうになったときに危ないので、目を閉じているだけの方が安全です。競争ではありませんので、薄目を開けてしまった人がいてもいいのです。そのことがふりかえりのときの、1つの話題になるはずです。

協力ゲーム

河童の遠足

　オリジナルはお手玉を頭に乗せて歩き回るゲームですが、ここでは紙皿を乗せて河童に見立てます。
　河童のみなさん、みんなで遠足に行きましょう。ただし、手でお皿を押さえてはいけません。お皿が落ちたらガス欠で動けなくなってしまいます。その場合は、近くの仲間に落としたお皿を拾って乗せてもらって下さい。お皿さえ乗っていれば動くことができます。では、みんなで陸に上がり元気に目的地までたどり着きましょう。ただし、おやつは300円以内、5分前行動厳守。服装は本校生徒としての自覚を持って華美にならないこと。
　頭に乗せるものは何でもいいのですが、本を乗せたのでは正しい姿勢の歩行訓練みたいになっちゃいます。

協力ゲーム

いっせえの！

「2人で向かい合って腰をおろして、足先をつけたまま同時に立ち上がってみましょう…はい、できましたね、OKです。それでは、となりの2人組と合体して4人1組でトライしてみましょう……はい、なんとかできましたね、OKです。では、できたところ同士の8人組で挑戦してみましょう……はい、ちょっと厳しくなりましたが、OKです。

今度は16人でどうぞ。……（5分経過）……ルールは『足先をつけたまま全員同時に立ち上がる』です。そのやり方のままでいいですか、作戦会議を開いた方がいいんじゃないですか？」

このゲームはいきなり16人でやらないところがミソです。

協力ゲーム

フォレストガンプ

　鳥の羽根がフワフワと風に舞い、やがてバスを待つトムハンクスの足元に。映画『フォレストガンプ』のオープニングシーンに挑戦する課題解決ゲームです。体育館の２階通路から羽根を放し、床に落とさないで体育館のあっち側の目的地まで、みんなで協力してフワフワさせます。目標物の大きさはフープでは簡単すぎるので、バケツなどにします。羽根の条件によっても難度が大きく変わります。ダウンジャケットなどに使われそうなフワフワ羽毛なら、失敗しそうになってもやり直しがきくので牛乳ビンの目的地でもOKです。
　シャボン玉でも同じことができますが、着陸予定地は水で濡らした平らな物を用意しないと割れてしまいます。シャボン玉の場合は制限時間がつくので距離を短くします。

協力ゲーム

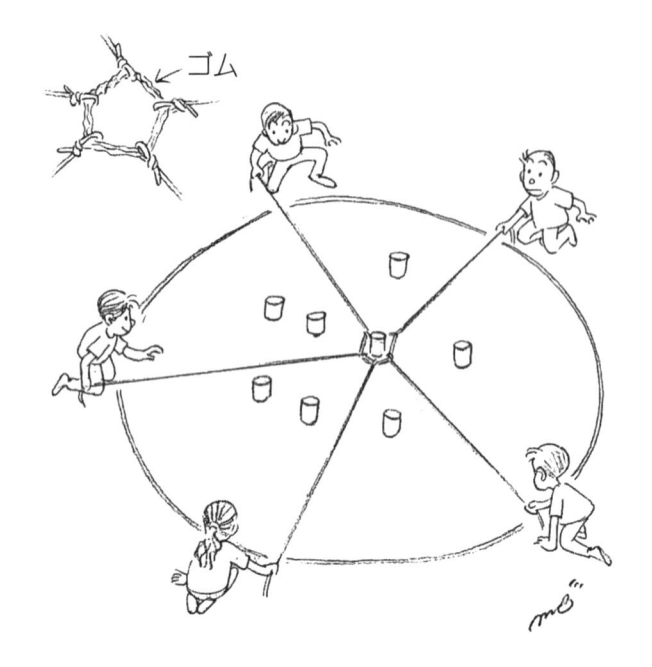

不発弾

　図のようなセッティングで、不発弾にみたてた空缶を危険区域の外に取り出すゲームです。缶の上に使用済み乾電池を立てて起爆装置にすれば、真剣さはグッとアップします。

　ギンギンに冷えた缶ビールを並べて、グループ対抗争奪戦にすれば、これはもう真剣を通り越してケンカ腰でしょう。

　放射性廃棄物を処理するという物語で、中央のバケツに水を入れるパターンや、テニスボールの2個パックの缶に1個のボールを入れて中央に置き、3本のロープを使ってとなりのバケツに移し替えるという応用編もあります。

みんなでジャグラー

　内側を向いた円になり、できるだけ対角線方面にボールをパスして、全員を一筆書き状に結んだボールが廻るコースを決めます。それぞれの人が誰から受けて誰にパスするのかを確認したら、グループの中でお手玉みたいに何個までボールが入るのかを挑戦します。

　ボールのスタートは同じ人にし、1人の人が同時に2個以上のボールを持ってはいけません。キャッチに失敗したり、ボールが空中衝突したりして地面に落ちたら、最初からやり直しです。目標値をグループで決めるようにすると、与えられた課題から自分たちの課題へとゲームが移行します。

　何人でも人数分までは簡単に入れる方法があります。

協力ゲーム

人間知恵の輪

　8〜10人くらいで中心を向いてギュッと寄ります。円の中心に右手を差しだし、誰かと握手をします。次に左手を出して、すでに握手している人以外の人と握手をします。これでごちゃごちゃにもつれてつながった、人間知恵の輪のできあがりです。これをみんなで協力してすっきりした一重円に解くことがゲームの課題です。解きはじめる前に、輪がつながっているか確認するために、ギュッと握ることを順番に送って、ギュッが一巡りするかチェックします。

　まれに結び目ができて、どうしても解ききれないことがありますが、そういうときは手から手にロープを辿らせて、自分たちがどういう状況になったのかがロープの形で分かるようにします。最後まで解けないと釈然としませんが、結果の結び目をみることで一応の納得ができます。大切なのは無事終了することではなくて、ゲームの過程に何が起きたのかを、ふりかえることです。

モンスター

　古典的な課題達成ゲームの1つ。
　グループ全員で手や足や尻尾などの数が決まった怪獣をつくり、全員が一団となって10m程度の距離を移動するゲームです。
　それなりに楽しい活動ですが、自分たちの出来栄えを見ることができないのが欠点です。バレエスタジオのような大鏡のある部屋が用意できるとグーです。ただし、全員レオタード着用の必要はありません。
　ちなみに、犬は4本足ですから「お手」はありません。トカゲにも手はありませんが、ゴジラの前2本は手でしょう。ネズミとリスのあたりが境界ですか。

協力ゲーム

ヘリウムスティック

　実際にやってみないと、課題の意味さえ分からない不思議なゲームです。

　図のように8人ぐらいで向かい合い、ヒジを直角に曲げて腰の高さに人差し指をさし出します。全員の人差し指の上に、丸めた新聞紙のような軽い棒状のものをリーダーが乗せます。

　課題は全員の人差し指が棒から離れることなく、棒を地面までおろすこと。人差し指以外のものが棒に触れてはいけません。指ととなりの指が触れてもいけません。誰かの指が棒から離れたら最初からやり直しですが、離れたかどうかは自己申告にまかせます。

　人数が少ないと簡単すぎて、参加者の頭上に？マークが点滅してしまうゲームです。

協力ゲーム

月面ボール

　単純で楽しく、体育の授業やホームルーム活動ですぐに使える課題達成ゲームです。基本の課題は「1人1回だけ、地面に落とさずに全員がボールをつくこと」です。ドリブルもできないし、全員がつき終わるまで2回はボールに触れません。基本のボールは大きめのビーチボールです。ソフトバレーのゴムボールでも可能ですが、バレーボールそのものでは難しすぎるでしょう。人数が10人程度なら、以上の条件で2周することにしないと簡単にクリアできてしまいます。簡単に達成できても拍子抜けですし、絶望的な感じでも挑戦意欲が持続しません。適度な難度が夢中になる大切な要素です。

　ビーチボールの空気圧を加減するのが、指導者のちょっとしたテクニックです。パンパンの空気圧は難しいのです。

協力ゲーム

吹雪のレスキュー隊

　目かくしゲームなので、範囲の設定とグランドコンディションの確認を確実にしましょう。

　目かくしをしたレスキュー隊が、手探りで遭難した仲間を発見して救出するというゲームです。周囲の状況を確認したあと、全員が目かくしをします。リーダーが何人かの目かくしを外して、適当な場所に連れて行き座らせて遭難させます。このときから遭難者は、ゲームが終わるまでしゃべってはいけません。

　目かくしをしたレスキュー隊は、遭難者が何人で、誰が遭難者なのかも分かりません。レスキュー隊はしゃべることができますが、遭難者は疲労こんぱいで声も出せないし、音を出したりして居場所を報せることもできません。レスキュー隊と遭遇しても、自分から名乗ることはできません。

スパイ大作戦

 2人1組で手をつなぎ、反対側のゴール下からビーチボールを空中につき上げながら移動して、バスケットボールのゴールに入れるゲームです。

 ボールが地面に落ちたらスタート地点からやり直しで、同じペアが連続して突くドリブルやホールディングは禁止です。バスケットのゴールがなくても、フラフープを地面に置けば、それが目的地になります。

 ビーチボールが最適なボールですが、バレーボール選手にはバレーボールを、サッカー選手にはサッカーボールを、三浦農協の人にはスイカを…、つまらないことを書いてすいません。

 物語の設定は、「山火事発生。ただいまから消火剤を空輸します。急げ〜！」です。

協力ゲーム

ターザン

　これは『頭の体操』に出てきそうな問題ですが、新作の課題解決ゲームです。1グループは5人。配役は、ターザン＞ジェーン＞ボーイ＞チータ（猿）＞バナナの5役です。5人全員が対岸まで渡ることが課題で、
①1人は片道2回までロープをつかむことができる
②ターザンたちの力関係は＞記号のとおりで、ボーイはチータかバナナを抱えて渡ることができるがジェーンやターザンは抱えられない
③バナナは自力で渡れない
④バナナとチータだけになるとチータは我慢できない、がルールです。ターザンとジェーンだけになっても、ターザンは紳士です。

協力ゲーム

管制塔

　幅1.5mの滑走路から5秒間隔で離陸し、空中衝突なしに全機無事に帰還させるゲーム。2人組になり、1人は目を閉じて飛行機に、ペアの人は目を開けたまま管制官になります。管制官の人は飛行機に触れてはいけません。無線だけでニアミスや衝突を回避して、無事着陸させます。両手を広げたい気持ちは分かりますが、安全のため、飛行機の人は手のひらを前に向けた、前にならえのバンパーのポーズで飛ぶことにします。
　ヘリコプターではないので、その場に止まってのホバリングはできません。

協力ゲーム

ぎったんばったん

　図のように凹凸の円をつくり、1、2の3で凹と凸が入れ替わるぎったんばったんゲームです。
　腰を曲げずに上体を前後に倒せるのは、信頼関係ができていればこそ。いくら信頼関係があっても、巨漢と少女の配列では無理があります。最初に並んでから場所を交替してもらうのでは、「あんたはデブだから」と言ってるようなものなので、うまい具合に配置できるようにもっていくのが、リーダーのインサイドワークです。また、これにはある程度の人数（偶数）が必要です。4人だけでは顔面流血の事態になってしまいます。

協力ゲーム

魔法の絨毯

　お弁当シートや毛布などに全員が乗ったまま、これを裏返す課題解決ゲーム。人数と面積の関係がポイントです。青い作業シートでは裏と表の区別がつきにくいので、オモテが黒でウラが赤の暗幕のような、表裏はっきりしたものが適しています。物語としては、「空飛ぶ絨毯が故障したので、乗ったまま裏返して修理する」という設定です。

　全員が乗った状態で説明に入りますが、あんまり人数が多いと作業状況が分からなくて、もてあます人がでてきてしまいますので、10数人位までのグループに分けて実施します。

協力ゲーム

オールキャッチ

　全員が一斉にボールを投げ上げて、全員で何個キャッチできるかのゲームです。全員で1回ごとに目標数を設定し、作戦をたてて挑戦します。投げるものはボールのほかに、プラスチックの竹トンボやビューンと飛んでいく風船など、いろいろ使われます。
　図は別のパターンで、全員の投げたボールを輪の中の2～3人の挑戦者が何個キャッチすることができるか、という「電話とファックス編」です。投げる人は投げつけたりのいやがらせをしてはいけません。

協力ゲーム

乗ってるかい

　台の上に全員が乗るという古典的な課題解決ゲームです。
　台はしっかりしたもので、高さは15㎝程度に。高すぎると危険で、低すぎるとつま先が地面に着いてしまいます。人数により台の大きさを変えますが、100人の場合はイナバの物置で、象の場合はサンスターの筆箱を使うことができます。
　肩車は危ないので、補助の仕方の練習なしには禁止技にします。全員、台に足がついているエノキダケ状態を条件としたほうが、無難です。

協力ゲーム

毛布ボール

　毛布やシーツの4隅を持って、バレーボールをパスし合います。
　ネットをはさんでの試合形式でもできますが、リフティングの回数の目標をたてたり、ある距離を何回で行けるかなどをグループで挑戦します。このゲームには、ビーチボールよりバレーボールの方が向いています。バスケットボールでもできますが、ボーリングの玉や砲丸投げの砲丸だと、これはもう命がけです。

その他の楽しいゲーム

使い方いろいろのユニークなゲーム

　気分転換やウォームアップに、いつでもどこでもの楽しいゲームと、ロールプレイングゲームなどの変わり種ゲーム。

その他の楽しいゲーム

観　衆

　グループで1人の代表者を選び、いったん場外に出てもらいます。代表者が席をはずしている間に、リーダーが何かの動作やポーズを出題し、代表者をみんなの待つ場所にもどします。ゲームの課題は、代表者が出題されたものを推理して演じることですが、代表者以外の人ができるのは拍手や床を踏みならすブーイングだけです。しゃべったり、サインを出すことはできまん。代表者が目的のものに近づいたら盛大な拍手を、遠ざかったらブーイングをして、代表者に問題を推理してもらいます。代表者も質問したりすることはできません。

　「窓を開ける」などの簡単なものから「ホーキに乗って飛ぶ」とかの、ちょっとひねったものまで、対象に合わせて出題しましょう。ただし、「窓を開けて、ホーキに乗って飛び出す」は危険すぎます。

ハバハバ！

　飛行機から跳び出し、パラシュートを開くまでの10数秒間で規定の隊形を作らなければならない命がけのゲーム。グループ全員が並んで座わり、画用紙に描かれた図のような隊形を見て、10数秒間の内に床の上にその隊形を作ることが課題。制限時間をオーバーしそうになったら、パラシュートを開いて集団から遠のいていきます。
　例題で要領を理解したら、漢字の「田」とかの応用問題をかましますが、「薔薇」とか「憂鬱」とかを出題すると、全員地面にめりこんでしまいます。
　並んで座るときに長椅子を使うと、輸送機の感じが出て盛り上がります。

ウィンク殺人事件

　宇宙からきた邪悪な生命体が市民に化けて、ウィンク光線を発して次々と殺人を繰り返すというSFサスペンスのゲームです。誰がインベーダーか分からない状態で、狭い範囲をぶらぶら歩きながらウィンクされた人は、10秒ほど間をおいて倒れていきます。殺人者を発見した人は「発見しました」と宣言し、2人以上の発見者が同時に殺人者を指名することで殺戮は終わりますが、発見者の意見が合わないときは発見者も自滅してしまいます。インベーダーが勝つか、市民が勝つかのドキドキゲームです。
　ウィンクのときに両目をつぶってしまう人や、口が半開きになってしまう人はこのゲームには向いていません。

犯人は誰だ！

　パーティーゲームの乗りのロールプレイングゲームです。楽しいので、つい、もう一回と言いたくなるゲームです。

　トランプを引いての役割分担は、犯人・共犯者・探偵・その他が基本形です。本人しか知らない役割分担のまま、全員うつぶせでゲームがスタートします。まず、共犯者が中央に置いてあるフニャ剣を犯人に手渡し、犯人は誰かの頭をフニャ剣で叩いて素早く伏せます。叩かれた被害者の「探偵さん、叩かれました」の被害申告で探偵が捜査を開始し、「この辺で誰か動きませんでしたか」などと聞き込みなどして犯人を当てるゲームです。

　真犯人に怯える目撃者、酔っ払い、詮索好きの主婦、吠えない犬、うそつき、テロリスト、などの役割を加えると活気が出て盛り上がります。

その他のルいゲーム

妖精と魔法使い

　静寂が好きな森の魔法使いは、陽気に飛び回る妖精たちがうっとうしくてしかたがありません。妖精たちを魔法のフニャ剣でタッチして、次々と凍らせてしまいますが…。
　凍りついた妖精はその場に立ちつくして、「助けて〜、助けて〜」と消え入りそうな声で助けを求めます。まだ凍結されていない自由な妖精たちは2人組で両手で輪を作り、凍結した妖精の、頭から「自由になれ〜！」の呪文をかけて解凍することができます。
　魔法使いが自分も妖精になって飛び回りたいと思ったら、「時間よ、止まれ！」の号令をかけてすべての妖精を停止させ、魔法のフニャ剣をうやうやしく誰かに渡してしまえば、剣を渡された妖精が新しい魔法使いになって立場が入れ替わります。

袋のネズミ

　図のようなポジションになり、スポンジ系のフニャボールを他人の脚の間から出しっこするゲームです。ボールは手で叩くだけで、つかんで投げてはいけません。自分の股間を通された人は失格となり、円から抜けていきます。興奮して頭上に投げ出してしまった人は退場、汚い言葉で罵ったりツバを吐くなどの非紳士的な人も一発でレッドカードです。最後まで残る人がチャンピオンですが、血が下がってちょっとクラクラしてくるので、血圧の高い人はムキにならないように。

その他の楽しいゲーム

靴おくり

　車座に腰をおろし、人と人の間に片方の靴を置いた状態からスタートします。靴を左から右に、①I pass　②My shoe　③From me　④To you　⑤I pass　⑥Like this　⑦I never　⑧Missと、唱えながらリズミカルに送っていきます。○数字が送る回数で、途中でリーダーの「キープ」の声がかかったら、持っている靴を離さないで1回空送りします。すると、それまでのリズムが乱れて混乱し、収拾がつかなくなります。もう、何が何だかのメチャクチャな状態で大量の靴が押し寄せて来ることになりますが、それがこのゲームの愉快なところです。

さるカニ合戦

「宝物の番人がうとうとしているので、バレないようにそっと失敬」という話では、盗みを奨励しているようで教育上よろしくないので、「いじわるなサルがカニの柿を盗んで、食べ散らかしてウトウトしているので、起こさないように返してもらおう」ということにしておきます。

対象によって、2人3脚にサル1匹とか、3人4脚にサル2匹とかに条件を変えましょう。3人4脚で音を立てずに接近するのは、結構難しいものです。目を閉じたサルは手持ちのフニャボールでカニを退治することができますが、ボールがつきたらフニャ剣だけが頼りです。ボールに当てられり、フニャ剣で叩かれたカニさんはアウトです。

その他の楽しいゲーム

誘　拐

　目かくしをされて車でどこまで運ばれたかを当てるゲーム。2人組になり、1人は誘拐された人、もう1人は誘拐犯になります。
　犯人の人は、目を閉じて座っている誘拐された人の肩に両手をかけカーブや路面の状態を伝えて、地図上のどのコースをたどっているか無言で教えます。目的地の隠れ家に着いたら目を開き、最終的にどこに拉致されたのか言い当てます。
　身代金の額は犯人と被害者とで談合してください。

その他の楽しいゲーム

エーデルワイス

　キャンプファイヤーでお馴染みの、となりの人の指をつかむ「キャッチ」の隊形での、リズムゲームです。
　エーデルワイスのメロディーをハミングしながら、①で右どなりの人の手、②で自分の右太もも、③で自分の左太もも、④で自分の左手の甲を軽く跳ね上げて、⑤⑥で左の手の平を2回タンタン、します。しばらく練習して調子が出てきたところで、左右交替してのリバースモードに突入します。「はい、反対、♪♪♪、はい、反対♪♪♪」と大混乱して、みんなでパニックを楽しむゲームです。

その他の楽しいゲーム

ストップアンドゴー

　円の中心の人の号令に合わせて動く、結構ハードなウォームアップのゲームです。
　号令の基本は、歩きのゴー、小走りのジョグ、180°方向転換のターン、360°回転のスピン、静止のストップ。「ストップ」で止まりきれなかった人は抜けていく、生存競争ゲームです。
　号令の種類を増やして、「シェー」「犬（の放尿）」「コマネチ」など、私はやってみたいのですが、みんなが受け入れてくれるかどうか、ちょっと心配。

ヘビオニ

　バスケットコートや柔道場などの、寝っころがれて区画のはっきりしたところにもってこいのゲームです。
　決められた範囲の中に、最初のオニが草むらのヘビとして横たわります。全員がヘビにタッチしているところで、誰かが「ヘビだ！」と叫んで逃げるところからゲームがスタートします。ヘビに触られた人はヘビとなってはいまわり、どんどんヘビが増殖し最後は全員がヘビになってしまうゲームです。最後まで逃げのびていた人が、次の回の最初のヘビになります。
　ヘビオニに飽きたらブタオニです。ブーブー鳴きながらやります。ただし、ナメクジオニとかウミウシオニとかは、やらないように。1日では終わりません。

アクション大魔王

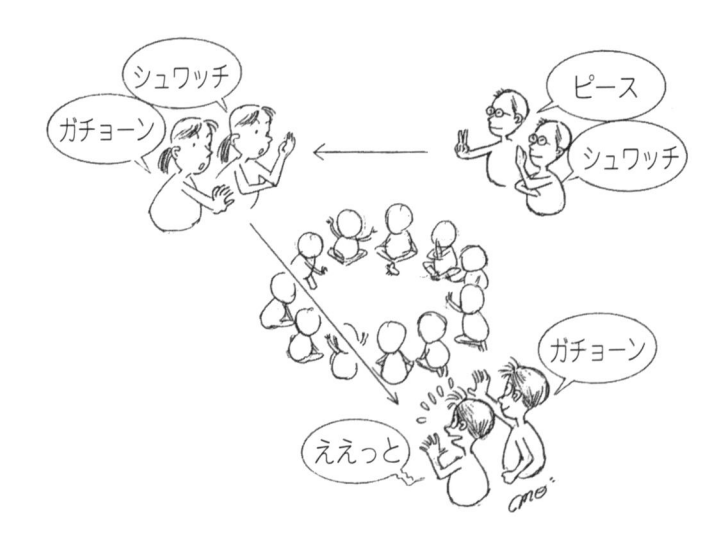

　カードゲーム『大貧民』のように、車座になって上位を目指す、下剋上のゲームです。
　まず、各自が自分の効果音つきのアクションを考え、全員に披露します。アクションは誰でもできる動作でサッとできるものにします。席の配列は、目印に小物を置いた大魔王の席から順番に地位が下がって、大魔王の逆の隣席が一番下の家来に相当します。スタートは大魔王からで、大魔王の席の人が自分のアクションをやって、続けざまに誰かのアクションをします。そのアクションの人は、自分のをやってから、即、別な人のアクションをやります。こうしてリズミカルにアクションをやり取りして途中でつっかえた人がアウトで、一番下の家来の席に降格され、順次、席をつめていきます。席が移動した人は元々その席のアクションだったものが、今度は自分のアクションになります。

奇偶だね

　奇数チームと偶数チームの2チームに分かれて、相手チームを吸収していくゲームです。
　「いっせえの、せっ！」の声に合わせて両チームの何人かが起立します。立った人の合計の人数が偶数だったら立った人は偶数チームに、奇数だったら奇数チームの一員になります。
　毎回作戦タイムをもうけてから勝負します。こんなゲームに作戦があるのかという人は、ギャンブルのセオリーを知らない人です。しかし、セオリー通りにいかないのもギャンブルです。このゲームは神奈川県清川村在勤の、猛禽類研究家から教えてもらいました。

その他の楽しいゲーム

古葉監督

　野球中継のカメラが広島カープのダッグアウトを写すと、古葉監督はいつも顔を半分見せて腕組みをしているのでありました。

　このゲームはハチマキの前後に、ハガキ大のカードを差し込んで行います。カードにはマジックで大きく漢字1文字を書き、前後あわせての2文字の言葉にします。ゲームはハチマキの色などで識別できるチーム対抗にし、自分の言葉を言い当てられた人はカードをはずして相手チームの捕虜になります。前でも後ろでも1文字見えたら、当てずっぽうでどんどん言い続けてかまいません。

　手や物を手に持って、自分のカードをかくすのは反則で、柱やドアや床などに額をつけて見えないようにします。読まれないように頭を激しく振り回すのはOKですが、どっかにぶつけて鼻血をださないように。また、声に出して言えないような下品な言葉は禁止です。

インベーダー街道

　やや幅のある廊下やバドミントンコートを使ったり、足元の安全な地面にロープを2本置いて、数メートルの通路を設定します。
　最初、2人のインベーダーが目を閉じて、通路を通過されないように腕を広げて左右に動きます。残りの人たちは、インベーダーにタッチされないように向こう側まで通り抜けます。全員が通過したらもう1回挑戦しますが、途中でタッチされた人は次の回にインベーダーの仲間になります。こうして、何回か通過するたびにインベーダーが段々と増えていき、最後はほとんどインベーダーの通路になります。インベーダーも地球人も、安全のために走ったり腕を振り回したりしてはいけません。

その他の楽しいゲーム

流星雨

　ビーチボールにフニャボールを当てて移動させ、ビーチボールが相手方のラインを越えたほうが勝ちのチーム対抗戦。

　的になる方の惑星ボールはビーチボールが軽くて具合がよく、当てる方の隕石ボールはソフトテニスのボールかウレタン系のフニャボールです。公式テニスボールは危険なので、このゲームでは使用不可。惑星ボールに近づき過ぎると危ないし、ボールを脚で止めることになるので、最低1mは離れるようにします。

　惑星ボールにバスケットボールを使うと、重すぎて動きが鈍くなります。そのためボールに接近しすぎたり、全力で投げて失投したりして、あまりいいことはありません。

冷凍解凍オニ

2グループに分かれての、チーム対抗オニごっこ。
 それぞれのチームは、ゴムのチキンやカエルなどをチームの凶器として相手チームの構成員を凶器でタッチすることで、凍結させていきます。凶器のゴム製品は味方同志で自由にパスすることができます。凍結された仲間は味方の股くぐりで再生することができます。
 エキサイトしてくると、解凍の瞬間に男子はヒヤッとすることになります。

その他の楽しいゲーム

横ぎりオニ

　１対１の歩くオニごっこの「２人オニ」の応用編です。
　オニと逃げる人以外は適当に散らばって立ち、人間の林をつくります。オニはオニの目印のチキンなどをぶらさげて、逃げる人を執拗に追いかけますが、オニと逃げ手の間を立っていた人が横ぎったら、横ぎった人が新しい逃げ手になり、それまでの逃げ手は立ち止まって林の１人になります。オニにタッチされた場合は、オニと逃げ手が交替します。人数が多いときは、オニと逃げ手のペアを増やして、あっちでもこっちでものオニごっこをします。
　ただ立っていれば、オニごっこに巻き込まれないで済みますが、それでは刺激も楽しさもありません。

その他の楽しいゲーム

再会オニ

　オニ以外の人は、2人1組になり腕を組んで立ちます。オニはオニの目印のチキンをぶら下げて、さしあたっては逃げ手がいないので、所在なく徘徊します。2人組のペアはそのままならオニに追われる筋合いはありませんが、組んでいる腕をほどいたら、オニの向こうにまわって、再度腕を組まなければなりません。この離れてから再会するまでの間はオニに襲われますので、餌食にならないようにしなければなりません。

　ずっと腕を組んでいれば、平穏無事な生活がおくれますが、やっぱり刺激がないと味気ない人生になってしまうでしょう。

鳥ちょうだい！

鳥〜！！

　歩くスピードでのオニごっこの応用編です。
　オニのゾンビは鳥肉が苦手なので、チキンを持ってる人には近づけません。追い詰められた人がいたらチキンをパスして仲間のピンチを救います。
　このゲームの基本コンセプトは「ゾンビと魔よけのトリ肉」ですが、日本人なら「悪代官と黄門の印篭」の設定で。悪代官が「悪よの〜」とか追いつめるものの、パスされた印篭を突きつけられて「はは〜っ」とひれ伏し、その間に逃げるという物語。かけ声は当然「ご隠居！」。

その他の楽しいゲーム

行ってオニ

　図の並んでいる人たちをよく見てください。向きが交互になっているのが、このゲームのミソです。これは、走りまくりのオニごっこです。
　最初に全員で交互に向いて並び、しゃがみます。列の両端の人がその場でジャンケンをして、暫定のオニと逃げる人になります。逃げる人は列のまわりをどっち回りでも逃げられますが、オニは最初に回りはじめた方向にしか走れません。そんな理不尽な、という心配は「オニは並んでいる人の背中をタッチして、オニを交替できる」というルールが解決してくれます。逃げる人が疲れたら、とりあえずタッチされてオニになり、他人をオニにしてしまえばいいのです。

タコヤキやけた

　これは少人数のゲームです。
　イスなどに腰をおろし、両手をパーにして自分のヒザに置きます。ヒザに置いたパーを１文字として適当にしりとりを始め、コトバの最後が止まったパーを閉じてゲンコツにします。ゲンコツは焼けたタコヤキを意味します。ゲームの目的は、うまいこと工夫して全員の手をグーにすることです。
　一巡して再びグーで止まったら、また、パーにします。タコヤキこげました。
　チョキにして「焼きイカ」とか、パーを合わせて「広島風お好み焼き」とか、訳の分からないことを言わないように。

見たね

　これは一時的なゲームではなくて、キャンプとか講習会の全日程を通じてのユーモアとでも言いましょうか、ひっかけとでも言いましょうか。

　ひっかけようとする人は腰より低い高さに円形（指でのOKサインでも、足で地面に丸を描いても、ロープで作った輪でも何でも、サークル状のもの）を作ります。これを誰かが見た瞬間の視線を仕掛人に見とがめられたら、仕掛人の罠にかかったということで、「やられた」ということになります。ただし、その円を直接見ないで、棒とか指とか足とかを入れられたら、罠をつぶされたということで、仕掛人の負けです。この仕掛け破りは、罠に気づいた人は誰がやってもいいのです。

ちょっかい

　草の実を背中にくっつけて遊んだ、昔なつかしいゲームのリメイクです。

　ちゃんとした名前は知りませんが、あのイガイガした草の実にもお目にかかれなくなったし、服装もツルツルした化繊でくっつかないし、ということで、このゲームでは100円ショップの洗濯バサミで代用します。

　全員が両手に洗濯バサミを持って、狭い範囲をウロウロします。スキあらば他人の服に、洗濯バサミを当人にバレないようにくっつける、ちょっとドキドキするストーカーっぽいゲームです。一番たくさんつけられている人が、間抜けな人という訳ではありません。みんなにちょっかいを出される愛すべき人です。自分がつけられそうになったら、「やめてください」とか「何するんですか」と、たしなめます。

　フードつきの服の人、または、十二単衣の人は狙われやすいのです。

ピンポンパンゲーム

　十数人までの車座になって、「ピン」と言いながら誰かを指さします。指さされた人は「ポン」と言いつつ別の人を指さします。「ポン」とさされた人は、即、「パン」と別の人を指さします。この「ピン」「ポン」「パン」がテンポよく回ったら、パンと指された人はパンから始めてもよいことにします。最初がパンなら逆回りですから、次の人はポン、次の人はピンになります。さらに、「せんだみつお」ゲームも入れて、「せんだ」と指されたら「みつお」と指して、指された人の両側の人はヘッドフォンを揺する動作で「ナハナハ」です。「みつお」と指された人から次の「せんだ」を指さします。さらに、「武田」「鉄矢」で、両側の人は耳にかかる毛を指でかきあげながら「何ですか～」と鼻詰まりぎみに。
「ウド」「天野」なら「キャイーン」です。

サムライ

　由来はアメリカのTVドラマ『将軍』。武士道を誤解しているアメリカ生まれのゲームです。
　実際にはフニャ剣の届かない距離の円になり、中央のサムライの振り回す剣をかわすゲームです。サムライは「どぅりゃあ～！」とか気合いを入れながら、剣を振り回しますが、振り回すコースは高いか低いかの2通りだけです。高い剣にはしゃがんで、低いのはジャンプしてかわしますが、これを間違えた人は切られたことになるので失格です。失格者は退場して、誰が最後まで生き残れるかというパターンと、サムライと交替して続行というパターンがあります。
　中央にもう1本の剣を置いておいて、サムライのすきをついて奪って勝負するのが、カミカゼという応用編です。

ワナナ！

　アクション大魔王ゲームの、八百屋さん編です。
　輪になって、各自がそれぞれの野菜や果物を決めます。あとは、「アクション大魔王」と同じように、魔王の席から、まず自分の農作物を言ってから、すぐに続けて誰かの農作物を言います。言われた人は自分の農作物と他人の農作物をリズミカルに言います。ただし、そのとき歯を見せたり、笑ったりしたら失格です。失格の人は一番下座に移動して、順次席をつめていきます。
　明石家さんま、やや不利のゲームです。

赤痢菌

　赤痢菌に汚染されたのはどの井戸か、保健所の職員が推理するというゲーム。2チームに分かれて、先攻は井戸水を飲むウマさんチーム、後攻は観察して推理する保健所チームになります。ウマさんチームは、たくさんあるバケツの1つに、ゴムのヘビとかトカゲとかクモとかサソリなどの、あまり良いイメージでないものを赤痢菌の印として隠します。そしてウマさんチームは、1人5つ以上の井戸（バケツ）の水を飲み、赤痢菌を飲んでから3つ目の井戸水を飲む前に、倒れるルールとします。
　ウマさん全員が倒れたら、保健所チームはどれが赤痢菌の井戸かを相談して発表します。
　赤痢菌がネガティブだと思われる方は、魔法の泉を飲むと眠ってしまうという設定で。

風船パニック

　風船を人数分よりちょっと多く用意して、時間を決めて地面に落とさないように突き続けるゲーム。作戦タイムを入れながらやれば課題解決ゲームに、とにかくやれば楽しいゲームに、３日３晩やれば…、しぼんじゃいます。
　目標時間は参加者に決めさせましょう。
　風の強い日に屋外でやるのはやめましょう。
　空気より軽いガスを入れるのはやめましょう。

東西南北

　リーダーを中心にした正方形の各辺上に、東西南北に並んで4角形をつくります。4角形の各辺の人は、並んだ順番を覚えてから自分たちの人数分のグループの言葉を考えます。1人一文字の単語でもいいし、「今日も、元気だ、ウンコが、太い」などの標語でもOKです。各辺とも決まったところで、リーダーが離れた場所に移動して立ちどまります。リーダーの向きを北として、早く自分たちの方位と順番に整列して言葉を言い切ったチームの勝ちです。

　体育の時間に「集団行動」という地味な単元がありましたが、このゲームのおかげで楽しくできたのでした。ただし、「今日も…」とかは無しでしたので、念のために申しそえておきます。

その他の楽しいゲーム

靴合わせ

　車座の中央に履いていた靴を投げ込んで、靴を山積みにするところから始まります。全員で靴の山から適当に別々の靴を拾って履いて、足を合わせて全部の靴をペアにしましょうというゲームです。
　おもしろそうだから今度のLHRのときに体育館でやってみよう、と思った先生がいるかも知れませんが、そろいの体育館シューズではできませんので、念のため。

DNA

　全員右手を出して、誰でもいいから相手を見つけて「あいこ」になるまでジャンケンをして下さい。次に左手で別の相手と「あいこ」になるまでジャンケンをします。さあ、グーはグー、パーはパー、チョキはチョキの手と手を連結させて、全員で１つのサークルを作ってみよう！　できるかな〜。あらら、もうできちゃった？簡単すぎる？……また、企画倒れだよ。

ND
風船列車

　風船を挟んで列をつくり、落とさないように移動するゲームです。
　強く押せばパンクしそうだし、先に行けば落ちちゃいそうだしの、楽しい協調ゲームです。平面を歩くだけでも十分ですが、食堂まで行きましょうとか、エレベーターで階下に降りて階段でもどりましょうとか、いろいろと変化をつけて楽しむことができます。ただし、通勤時間帯に東海道線で横浜までというのは、ひんしゅくをかうというより、相手にされないでしょう。

その他の楽しいゲーム

通り雨

　日程の終了時や、落ち着いて話し合いをする前など、気分を穏やかにするゲームです。

　輪になって楽な姿勢で腰をおろします。リーダーが全員に、指をこする（小雨）、指を鳴らす（したたるしずく）、ももを叩く（本降り）、足で床を踏む（激しい風雨）などのやり方を説明します。全員が理解したら目を閉じて、リーダーから順に小雨を始めて全員に小雨が伝播したら、次はしずくという具合に、段々と強めてやがてもとの小雨に、そして雨が止むという自然の一場面を全員で演じます。

　１分間ゲームなどとは違い、みんなと一緒にいることで心が落ち着くゲームです。

参考資料

1) Jack Canfield, Harold C.Wells著：100 Ways to Enhance Self-Concept in the Classroom. Prentice Hall, 1976.
2) Andrew Fluegelman著：THE NEW GAMES BOOK. The Headland Press, 1976.
3) Terry Orlick著：THE COOPERATIVE SPORTS & GAMES BOOK. Pantheon Books, 1978.
4) 佐野 豪著：ロープワーク手帳. 山と渓谷社, 1977.
5) Karl Rohnke著：COWSTAILS AND COBRAS. Project Adventure, Inc, 1977.
6) Benjy Simpson著：Initiative Games. 1978（非刊行物）.
7) David E.Wood, James C.Gillis, Jr.著：ADVENTURE EDUCATION. National Education Association, 1979.
8) Andrew Fluegelman著：MORE NEW GAMES! The Headland Press, 1981.
9) Terry Orlick著：THE SECOND COOPERATIVE SPORTS & GAMES BOOK. Pantheon Books, 1982.
10) Karl Rohnke著：SILVER BULLETS. Project Adventure, Inc, 1984.
11) 梶原 玲, 鈴鹿 卓, 植野郁子, 宮本陽子著：室内ゲーム大辞典. 東陽出版, 1984.
12) 影山 健, 岡崎勝編：みんなでトロプス！. 風媒社, 1984.
13) 茨木惇輔, 京口和雄, 村野 実, 本橋成淋著：体育ゲーム大辞典. 東陽出版, 1986.
14) Karl Rohnke著：THE BOTTOMLESS BAG. Kendall / Hunt Publishing, 1988.
15) Andrew Wright, David Betteridge, Michael Buckby著. 須貝猛敏訳：英語のゲーム101. 大修館書店, 1988.
16) 影山 健, 岡崎勝編：スポーツからトロプスへ. 風媒社, 1988.
17) 諸澄敏之著：お疲れ仮面. 神奈川県立中央青年の家資料. 1989（非刊行物）.
18) Karl Rohnke著：COWSTAILS AND COBRAS Ⅱ. Project Adventure, Inc, 1989.
19) 諸澄敏之著：お疲れ仮面の逆襲. 神奈川県立中央青年の家資料. 1990（非刊行物）.
20) Karl Rohnke 著：THE BOTTOMLESS BAGGIE. Kendall / Hunt Publishing, 1991.
21) Karl Rohnke, Steve Butler著：QUICK SILVER. Project Adventure, Inc, 1995.
22) William J. Kreidler, Lisa Furlong著：Adventures in Peacemaking. Project

Adventure, Inc, 1995.
23) Karl Rohnke著：FUNN STUFF Vol.1. Kendall / Hunt Publishing, 1996.
24) Karl Rohnke著：FUNN STUFF Vol.2. Kendall / Hunt Publishing, 1996.
25) Dick Prouty, Jim Schoel, Paul Radcliff著 PAJ訳：アドベンチャーグループカウンセリングの実践．みくに出版，1997.
26) Karl Rohnke著：FUNN STUFF Vol.3. Kendall / Hunt Publishing, 1998.
27) 高久啓吾著：楽しみながら信頼関係を築くゲーム集．学事出版，1998.
28) Zip Lines No.36. Project Adventure, Inc, 1998.
29) 諸澄敏之著：Protruding NAVEL. NAVEL資料．1998（非刊行物）．
30) 諸澄敏之著：HEAVY BOX. NAVEL資料．1998（非刊行物）．
31) 二宮　孝，中山正秀，諸澄敏之著：今こそ学校にアドベンチャー教育を．学事出版，1998
32) Karl Rohnke, Jim Grout著：BACK POCKET Adventure. Project Adventure, Inc, 1998.
33) 諸澄敏之著：NO GOOD?. NAVEL資料．1999（非刊行物）．
34) 諸澄敏之著：ANOTHER DISH. NAVEL資料．2000（非刊行物）．
35) Karl Rohnke著：FUNN STUFF Vol.4. Kendall / Hunt Publishing, 2000.
36) 塩崎裕一著：授業で使える大道具・小道具．2001（非刊行物）．

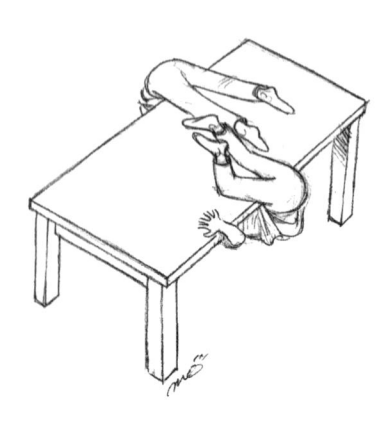

初出一覧

● 100 WAYS TO ENHANCE SELF-CUNCEPT IN THE CLASSROOM
お決まりのポーズ　　　Statues

● THE COOPERATIVE SPORTS AND GAMES BOOK
毛布ボール
　　　　　Collective Blanket Ball

● THE SECOND COOPERATIVE SPORTS AND GAMES BOOK
菅平バレー　　Bump And Scoot

● THE NEW GAMES BOOK
竜のしっぽ
　　　Catch The Dragon's Tail
さるカニ合戦　Smaug's Jewels
ヘビオニ　Snake In The Grass
行ってオニ　　　　　　Go Tag
サムライ　　　　　　　Samurai

● COWSTAILS & COBRAS
ホグコール　　　　　Hog Call
目かくし多角形　Blind Polygon
ぎったんばったん　Yurt Circle
乗ってるかい　　　All Aboard

● MORE NEW GAMES!
みんなオニ　　Everybody's It
連結オニ　　　　　Elbow Tag
指と指　　　People To People
レプリカ　　Instant Replay
いいとこどり　　　　Commons
三位一体
　　　Elephant/Palmtree/Monkey

トラの穴　　　　　　Swat Tag
みんなでジャグラー
　　　　　　Group Juggling
観衆　　Behavior Modification
ウィンク殺人事件　　　Killer
妖精と魔法使い　　Calm Free
東西南北　　Quick Line-Up
靴合わせ　　　Shoe Factory
通り雨　　Rain's Comming

● SILVER BULLETS
名前ゲーム　Toss A Name Game
人間カメラ　　Human Camera
アリの行列　　　TP Shuffle
もじもじ君　　Body English
魔法の鏡　Circle The Circle
月面ボール　　　Moon Ball
鳥ちょうだい！Flip Me The Bird
風船パニック　Balloon Frantic

● FUNN STUFF
進化ジャンケン　Metamorphose
パタパタ　　　　Circle Slap
ピンボール　　　　Fill Me In
アップダウン
　　　　Look Up/Look Down
勇者の印 Count Coup Swat Tag
発射！Blindman's Cannon Ball
流星雨　　　　　Global Ball

● THE BOTTOMLESS BAG
めちゃぶつけ　　　Asteroids
２人オニ　　　　　Pairs Tag
パントンパンパン　　Clap Trap
ご対面　　　　　Peek A Who

127

別名ゲーム　Another Name Game
したことある人　Have You Ever?
仲間さがし　　　　Categories
番号！　　　　　　Count Off
オールキャッチ　　All Catch
袋のネズミ
　　　　Cage Ball Bombardment
冷凍解凍オニ　Team Tag Tag

● PROTRUDING NAVEL
持病オニ　　Just Like Me Tag
世紀末ゲーム
臨死体験
仮面オニ
みんなでトロプス！
魂で握手
ロープワーク手帳
サークル綱引き
不発弾

● QUICK SILVER
頭星人・オシリ星人
　　　　　　　Transformer Tag
見えない共通点　Commonalties
五目ヤキソバ　　Name Five
情報戦争　　Instant Impulse
ゾンビ　　　　　　　Zombie
惑星旅行　　　　　Mergers
見たね　Eye Got You Circled
ちょっかい　　Back Stabbers
風船列車　　balloon Trolleys

● 室内ゲーム大辞典
ジャンケンコール
タコヤキやけた

● スポーツからトロプスへ

犯人は誰だ！

● 体育ゲーム大辞典
横ぎりオニ
再会オニ

● HEAVY BOX
ターザン
DNA

● NO GOOD?
生態系
シルバーシート
フォレストガンプ
古葉監督
赤痢菌

● INITIATIVE GAMES
ラインナップ　　　　Line Up
モデルとネンドと芸術家
　　　　　　Artist Clay Model
人間知恵の輪　　　　Hands
モンスター　　The Monster

● 英語のゲーム101
数まわし　　　　　　　Zip!

● お疲れ仮面
どうも、どうも、どうも

● FUNN STUFF II
財布の中身　　　　Wallets

● FUNN STUFF III
魔法の絨毯　All Aboard Squared

● ADVENTURE EDUCATION

いっせえの！　Everybody's Up

● OUTDOOR ADVENTURE ACTIVITIES
FOR SCHOOL AND RECREATION
　　吹雪のレスキュー隊
　　　　　　　　Search And Rescue

●清川青少年の家指導資料
　　奇偶だね

● FUNN STUFF Ⅳ
　　名前回し　　　　　Spiname
　　ヘリウムスティック
　　　　　　　　　The Helium Stick

● ADVENTURES IN PEACEMAKING
　　靴おくり　　　Pass My Shoe
　　アクション大魔王　King Frog
　　境界線
　　　　　　Have You Ever…？
　　　　　　　　　　Yes / No Rope
　　河童の遠足　Frozen Beanbag

● THE BOTTOMLESS BAGGIE
　　ワナナ！　Silly Veggies Patch

●お疲れ仮面の逆襲
　　誘拐

● ANOTHER DISH
　　ハバ　ハバ！
　　水族館

● BACK POCKET ADVENTURE
　　管制塔　Air Traffic Controller

●授業で使える大道具・小道具
　　バドワイザー　　　Budweiser

●出所不明／伝承ゲーム
　　目かくしオニごっこ
　　　　　　　Blindfold Pairs Tag
　　ジャンケンチャンピオン
　　数集まり
　　チクタクボン
　　よろしくゲーム
　　番号合わせ
　　リアクション　　Look Across
　　ツボツボ
　　鉄人28号
　　迷走ＵＦＯ　Group Circle Walk
　　スパイ大作戦
　　エーデルワイス
　　ストップアンドゴー
　　　　　　　　　　Stop And Go
　　インベーダー街道
　　ピンポンパンゲーム

著者紹介　諸澄敏之（もろずみ　としゆき）

　筑波大学大学院修了（野外教育）。OBS、PAを学び、高校教師を経て神奈川県立足柄ふれあいの村（不登校キャンプ担当）。著書に『みんなのPA系ゲーム243』（編著、杏林書院）、『今こそ学校にアドベンチャー教育を』（共著、学事出版）ほか。趣味のイラストでは『プロジェクトアドベンチャーの実践：対立がちからに』（みくに出版）、Karl Rohnkeとのコンビで『FUNN STUFF』、『SMALL BOOK ABOUT LARGE GROUP GAMES』（いずれもKENDALL/HUNT）ほか。

2001年9月5日　第1版第1刷発行
2008年7月20日　　　　第3刷発行

手軽で楽しい体験教育
よく効くふれあいゲーム119
定価（本体1,200円＋税）　　　　　　　　　　　　　　　　　　検印省略

著　者	諸澄　敏之 ©	
発行者	太田　博	
発行所	株式会社　杏林書院	
	〒113-0034　東京都文京区湯島4-2-1	
	Tel　03-3811-4887（代）	
	Fax　03-3811-9148	
	http://www.kyorin-shoin.co.jp	
本文DTP/表紙デザイン　K		
印刷／製本　　三報社印刷／川島製本所		

ISBN 978-4-7644-1564-5　C3075　　　　　　　　　　　　　　Printed in Japan

・本書の複製権・翻訳権・上映権・譲渡権・公衆送信権（送信可能化権を含む）は株式会社杏林書院が保有します．
・**JCLS**＜（株）日本著作出版権管理システム委託出版物＞
　本書の無断複写は著作権法上での例外を除き禁じられています．複写される場合は，その都度事前に（株）日本著作出版権管理システム（電話03-3817-5670，FAX 03-3815-8199）の許諾を得てください．